Albertz · Das Grüne Gitter

Heinrich Albertz

Das Grüne Gitter

Potsdam · Sanssouci · Ein Besuch

RadiusBibliothek

RadiusBibliothek
Herausgegeben von Wolfgang Erk

CIP-Kurztitelaufnahme der Deutschen Bibliothek

Albertz, Heinrich:
Das Grüne Gitter: Potsdam, Sanssouci;
e. Besuch / Heinrich Albertz. – 1. Aufl. –
Stuttgart: Radius-Verlag, 1985.
(Radius-Bibliothek)
ISBN 3-87173-696-1

3., 2., 1. Auflage (die letzte Ziffer gilt für diese Ausgabe)
ISBN 3-87173-696-1

Einbandgestaltung: Gabriele Burde
Gesamtherstellung: Clausen & Bosse, Leck
Printed in Germany

Die Wurzel der Geschichte aber ist der arbeitende, schaffende, die Gegebenheiten umbildende und überholende Mensch. Hat er sich erfaßt und das Seine ohne Entäußerung und Entfremdung in realer Demokratie begründet, so entsteht in der Welt etwas, das allen in die Kindheit scheint und worin noch niemand war: Heimat.

Ernst Bloch
(Das Prinzip Hoffnung, Band 3)

»Der Superintendent des Kirchenkreises Potsdam, DDR – 1500 Potsdam-Sanssouci. Am Grünen Gitter.« So las ich den Briefkopf, unter dem ich zu einem Gespräch mit dem Pfarrkonvent Potsdam für den 3. Oktober 1984 eingeladen worden war. »Am Grünen Gitter« – ich kramte in meinen Erinnerungen. Sollte das der Eingang zum Park sein an der Friedenskirche? Ich war nicht sicher. Ich wußte überhaupt nicht, was dieser Tag für mich bedeuten würde.

Potsdam. Als ich mit meiner Mutter so um 1925 das erste Mal nach Berlin fuhr, waren wir noch keine zwei Tage in der großen Stadt, da nahm sie mich an der Hand, mir Potsdam zu zeigen, den Park, das Schloß, ja das Schloß, denn Sanssouci war das Schloß, ihr Schloß, wie Friedrich der Große ihr König war. Sein Bild hing in ihrem Zimmer, über dem Schreibtisch. Sie konnte ihren Jungen gar nicht schnell genug zu diesem König bringen – ja, mit der S-Bahn, noch ganz direkt und in einer halben Stunde. Doch davon später, später.

Nun, 1984, war Potsdam, fünf Kilometer von meiner Wohnung in Schlachtensee, der zweite deutsche Staat und ich nach seinem Recht ein Ausländer. Freilich gab es einen besonderen Weg über die Grenze: ein Bus der Westberliner BVG fährt vom Bahnhof Wannsee über den Kontrollpunkt Babelsberg in die DDR hinein.

Früh also, an diesem Oktobermorgen. Der Himmel ist noch verhangen. Nur wenige Fahrgäste. Aussteigen an der Grenze, wie ein Fußgänger durch den Zoll. Und dann noch fünf Minuten Autobahn. An der Haltestelle mindestens hundert Rentner, die mit leeren Taschen nach West-Berlin zum Einkaufen fahren. Ich werde abgeholt, zum Grünen Gitter. »Ja, natürlich, es ist der Eingang zum Park, an der Friedenskirche. Da ist die Superintendentur. Da wohnen wir auch.« Wir fahren durch die Stadt. Nikolaikirche, dann die Straßen mit den alten Offiziers- und Bürgerhäusern. Es ist der alte, vertraute Weg, früher zu Fuß gegangen. Langsam heben sich die Wolken. Sonne fällt auf die Blätter – fallen sie schon? Der Wagen hält vor dem Gitter.

»Grünes Gitter zum Park Sanssouci, von L. F. Hesse, 1850. Kavalierhaus – Schloß 1852–1855. Campanile der Friedenskirche von L. Persius und F. A. Stüler, 1848–1850.« So steht es in der schönen Bildermappe, die 1983 in Berlin (DDR) erschienen ist. Für mich ist hier das Tor zu einer merkwürdig heil gebliebenen Welt.

Das Gespräch mit den Pfarrern von Potsdam ist fast heiter. Ich sitze mit dem Superintendenten an der Stirnseite eines langen Tisches, mir gegenüber eine offene Balkontür, durch die immer mehr Sonne in den Raum fällt. Wir reden über die anstehende Friedensdekade

1984 in beiden deutschen Staaten, sie fragen mich aus. Es sind immer dieselben Fragen: nach dem Verhältnis von Glauben und öffentlicher Verantwortung, nach Kirche und Staat, hüben und drüben, über die »Stunde Null« im Westen.

In der Pause treten wir auf den kleinen Balkon. Es ist richtig warm geworden. Vor mir liegt das leicht gefärbte Grün des Parkes. Das Gespräch geht weiter. Es gibt eine gute Suppe, eine Tasse Kaffee. Es muß gegen 13 Uhr gewesen sein. Ja, nun bin ich entlassen. Ich gehe die ausgetretenen Stufen des Kavalierhauses hinunter, allein, durch die Tür, an der Parkwache vorbei, durch das Grüne Gitter.

Die breite Seitenallee beginnt. In der Mitte der Fahrweg, Gott sei Dank gesperrt, zu beiden Seiten der Baumreihen die Fußwege, einer im Schatten, einer in der Mittagssonne dieses goldenen Oktobertages. Ich gehe auf der Sonnenseite. Ich habe vier Stunden auf einem ziemlich harten Stuhl gesessen. Die Beine sind steif. Ich gehe sehr langsam. Ich weiß, am Ende der Straße, rechts, werde ich das Schloß vor mir sehen. Woher weiß ich es

Grünes Gitter zum Park von Sanssouci
und Anlage der Friedenskirche

noch? Der erste Besuch mit der Mutter liegt sechzig Jahre zurück. Fast fünfzig Jahre ist er her, der Tag im November 1935, als sie tot war und ich als junger Mensch ohne Zuhause in Berlin studierte. Die Fahrt mit der Frau, die ich heiraten sollte, im Schnee, Weihnachten im gleichen Jahr. Ich bin seitdem immer nur im Auto der Freunde nach Potsdam gefahren, nie durch das Grüne Gitter.

Aber ich ging, langsam, Schritt für Schritt, als sei ich gestern hier gegangen. Langsam, langsam. Was ist die Zeit? Ein Kalender, den die Astronomen und Mathematiker ausgerechnet haben, von einem Papst verkündet? Das ist nicht unser Leben. Unser Leben, das sind die Erfahrungen, die tiefen Einschnitte, Inseln im Wasser der Vergeßlichkeit, in versunkenen Daten. Es gibt schnelle und langsame Zeit, nicht mit den Uhren zu messen. Preußen war ein Land der Pünktlichkeit. Aber der alte König, auf der Terrasse von Sanssouci auf den Tod wartend, wird die Uhren auch vergessen haben – auch nur der tiefen Fluten sich erinnernd, die über ihn kamen! Nach Küstrin und Rheinsberg, die Kriege, die er selbst vom Zaun brach, elende Jahre. Wenig Glanz trotz Voltaire und Flötenspiel und dem alten englischen Freund, dem treuen. Nur die Hunde sind geblieben, gestorben, wieder ausgetauscht worden. Sie wärmen seine Gicht.

Wer dies liest, wird spüren: Ich bin auf eine preußische Schule gegangen, habe preußische Geschichte gelesen. Sie begann eigentlich erst mit der Belehnung des Burggrafen von Nürnberg mit der Mark Brandenburg. Sie endete mit dem bösen Datum von Bismarcks Reichsgründung. Sebastian Haffner hat recht: schon damals ging Preußen unter. Die Grenze, die heute Deutschland teilt und die nicht nur den Nachbarn des zerschlagenen Reiches so angenehm war, hat es schon immer gegeben. Das Reich Karls des Großen endete an der Elbe. Die Bundesrepublik schließlich auch. Hannover war für uns Schlesier der tiefste Westen, hinter der Weser begann der Rheinbund. Bayern, Württemberg, diese Königreiche von Napoleons Gnaden waren so fern und Polen und Rußland so nah, auch wenn in Sanssouci französisch gesprochen wurde.

So gehe ich, langsam, auf die Ecke zu. Noch ein paar Schritte. Ich blicke nach rechts. Das

Schloß liegt vor mir. In einem unbeschreibchen Glanz in der Mittagssonne hinter der großen Fontäne und den sich in Stufen, unendlichen Stufen hebenden Spalieren. Es ist seltsam heiß und kühl zugleich.

Viele Menschen gehen mit mir, kommen mir entgegen, ich sehe sie noch gar nicht. Ich werde sie erst nachher sehen, auf der steinernen Bank, schon auf dem Rückweg. Jetzt sehe ich nur das zum Himmel geworfene Wasser und Friedrichs Schloß. Was ist das: Zeit? Damals, 1925, an der Hand der Mutter?

Ich war also etwa zehn Jahre alt, ein Quintaner nach den damaligen Schulabläufen, im zweiten Jahr auf dem Gymnasium, einem wirklichen Gymnasium, das nicht nur so hieß, mit Latein und Griechisch als Hauptsprachen. Die Welt begann mit Caesar und Herodot und hörte mit dem Königreich Preußen auf. Ich weiß nur noch, daß wir das Schloß besichtigten in den weiten Filzpantoffeln über den Schuhen, um das kostbare Parkett nicht zu beschädigen, und Mutter in die Litanei des Schloßführers hinein nur leise noch einmal möglichst viele Geschichten von ihrem geliebten König erzählte, ihn auch ta-

Schloß Sanssouci, Gartenseite

delte, wie er seine Frau behandelt habe – aber dies blieb wohl das einzige, was an ihm auszusetzen war.

Wir liefen dann schnell die Stufen des Spaliers hinunter zur Fontäne und gingen durch die breite, herrliche Allee, die am Neuen Palais endet. Hier geschah es – auch das unvergeßlich –, daß eine harmlose Blindschleiche über den warmen Kies des Weges kroch. Ich hatte noch nie eine lebendige Schlange gesehen. Aber die Paradies-Geschichte war mir wohl so nachdrücklich und so sehr auf Kosten der Schlange als Sinnbild des Bösen erzählt worden, daß ich entsetzt aufschrie. »Nein, diese war es nicht«, sagte Mutter lakonisch. Aber ich kann bis zum heutigen Tage diese Geschöpfe Gottes nicht ohne Furcht ertragen.

Die Welt damals: 1925, also nach der gefräßigen Inflation mit einem neuen ersten Wohlstand und jedenfalls der Sicherheit, die Mark sei am Abend noch dieselbe wie am Morgen. Die ungeliebte Republik, die mit Sanssouci gar nichts, aber auch gar nichts zu tun hatte und wohl auch nichts zu tun haben wollte. Der deutschnationale Hochmut, Weimar sei nur eine Episode – wie schaurig recht hat er behalten? –, und Hindenburg werde es schon richten. Dies alles schwang wohl mit, als der Zehnjährige an der Hand seiner Mutter den Glanz des großen Friedrich erleben sollte – vor Ort. Ich war sicher von Herzen überzeugt, daß alle diese Wertungen richtig waren.

Zehn Jahre später, im Oktober 1935, war Mutter tot. Ich hatte, von ihrer Schwester in Berlin als heimatloser Student aufgenommen, gerade meine bescheidenen Koffer ausgepackt. Ich weiß, es war ein Sonnabend. Das Heimweh schnürte mir die Kehle zu, und ich fuhr nach Potsdam. Das Schloß habe ich nicht noch einmal besichtigt. Die Stadt hatte durch das makabre Schauspiel in der Garnisonskirche mit Hitler und Hindenburg als Hauptdarsteller ihren Glanz schon verloren. Es war Nachmittag und begann schon zu dunkeln. Ich ging dieselbe Allee, allein, keine Blindschleiche kam, um mich zu erschrecken. Es begann wohl leise zu regnen. Ich weiß es nicht – aber das Maß an Traurigkeit war bitter und voll bis an den Rand. Das Haus in Breslau verlassen, die heilen Bilder zerschlagen. Mit zwanzig Jahren im fünften Semester der Theologie, Student der Bekennenden Kirche, ohne Aussicht auf eine normale Anstellung als Pfarrer. Ich lief, bis es ganz dunkel war. Fand den Bahnhof Wildpark, fuhr mit dem alten Dampfzug in die Stadt zurück – dort vorbei, wo ich jetzt wohne, nach fünfzig Jahren, ein alter Mann. Wie gut, daß niemand weiß, was kommt, wer geht.

Jedenfalls dachte ich an dieses alles, als ich in die gleiche Allee einbog, nun, nach allem, was geschehen war. Was war geschehen bis zu dem Tage, wieder zehn Jahre danach, daß 1945 im Schloß Cecilienhof im Neuen Garten die Sieger des Zweiten Weltkrieges im Potsdamer Abkommen das Schicksal Deutschlands, Europas, der Welt entschieden? Den Sieg gewannen, den Frieden verspielten? Potsdam und Berlin (West) zum Ausland machten? Im Frühjahr 1985, da ich dies aufschreibe, bereiten wir uns auf das Gedenken an den 8. Mai 1945 vor, in beiden Staaten, drüben selbstsicher und ohne jede Selbstkritik, hier in einer fatalen Entlarvung eigener Geschichtslosigkeit, von den schrillen Tönen derer unerträglich gemacht, die immer noch glauben, sie hätten den Krieg gewonnen. Wenn dieses kleine Buch erscheint, haben wir das Datum hinter uns – die befreiende Klärung der Sache, um die es geht, sicher nicht. Ich selbst werde am 8. Mai in

Schloß Cecilienhof im Neuen Garten
(Gedenkstätte, Hotel und Gaststätte)

Stukenbrock sein, an den verwehten Gräbern von 60000 sowjetischen Kriegsgefangenen, die die deutsche Wehrmacht durch Hunger und Krankheit verrecken ließ. Im Cecilienhof werden sicher die Fahnen flattern und Trompeten dröhnen. Herr Reagan – in der Bundesrepublik Deutschland wollte er kein Konzentrationslager besuchen. Um der Wählerschaft des Bundeskanzlers nicht weh zu tun? Was weiß der Mann aus Kalifornien über diesen Tag, den 8. Mai in Deutschland? Soviel wie ich über seine Western-Welt am Stillen Ozean.

Das Schlimme ist ja, daß gerade einer, der versucht, sich vor schnellen Urteilen zu hüten, sich mit der Antwort so schwertut auf die Frage: Wie konnte es geschehen?

Die arbeitslosen Massen in ihrer Verzweiflung, ja, das ist zu verstehen. Aber gerade unter den Arbeitern war dann auch der tapferste Widerstand bis zum Ende das Ehrenblatt der Geschichte der düsteren Jahre. Die Kleinbürger, spießig und feige und in der Regel sehr viel ungebildeter als die politisierte Arbeiterschaft, ja. Sie sind ja auch heute die getreue Gefolgschaft jedes Scharlatans. Aber die andern, die sogenannten Gebildeten, die Lehrer und Professoren, die Ärzte und Richter, die Mehrheit der Pfarrer, die Zeitungsschreiber und Künstler – und ihre Organisationen? Ich rede jetzt nicht von den wenigen Ausnahmen, von den Minderheiten, von den Helden und Heiligen. Auch nicht von den jüdischen Mitbürgern – obwohl es ja sogar unter ihnen eine kompakte deutschnationale Minderheit gab. Ich rede von der Intelligenz, die lesen und schreiben konnte. Und von den Militärs, die allein das Unheil hätten verhindern können. Sie und die Flicks und Krupps und die anderen Geldgeber Hitlers – gibt es so viel Dummheit und so viel Zynismus? Ich frage das als einer, der oft genug geschildert hat, daß es nur mein liberaler Bruder war, der verhinderte, daß ich nicht auch mitgerissen wurde von dem Strom der Begeisterung. Wie sollte ein 18jähriger Abiturient aus einem konservativen Elternhaus erkennen, daß alle seine Vorbilder einem Verbrecher nachliefen?

Es gibt gelehrte Abhandlungen, psychologische Studien in Fülle, die das Unerklärliche zu erklären versuchen. Sie alle überzeugen nur zum Teil. Sie sind nüchtern genug, auch jedes Maß von Feigheit, Opportunismus und

Dummheit miteinzurechnen in ihre Analysen. Aber im ganzen überzeugen können sie nicht. Am gefährlichsten ist der Versuch, den bösen Lauf der Dinge als eine Art Unwetter zu beschreiben, das über dieses Volk gekommen sei, das in seiner großen Mehrheit doch gar nichts Böses gewollt, gar nichts Böses gewußt habe. Spätestens seit dem 30. Juni 1934 mußte dieses Volk wissen, daß es von Mördern regiert wurde und Mord für rechtens erklärt werden konnte – durch einen Satz eines lapidaren Gesetzes – mit der Unterschrift eben dieses unseligen Hindenburg, nach dem heute noch in Westdeutschland Dutzende von Straßen, Plätzen und Kasernen heißen. Nein, die erdrückende Mehrheit des deutschen Volkes hat diesen Mörder als Führer gewollt, gewählt, 1938 auch bejubelt – oder im besten Fall gekuscht, geschwiegen, auch als die Synagogen brannten, auch als der Krieg begann. Ich habe keine rationale Erklärung. Die wenigen, die wenig genug sagten, taten, sich opferten, waren eine winzige Minderheit. Und die Männer und Frauen des 20. Juli, die Vielbesungenen, kamen zu spät, zu spät. Wie konnte es geschehen?

Ich gehe die Allee in Sanssouci entlang und habe keine Antwort. Die Oktobersonne wird immer wärmer, die Blätter immer goldener. Still ist es hier nicht. Ganz Potsdam scheint auf den Beinen zu sein, viele Mütter mit ihren Kindern, viele alte Leute. Aber vor allem Touristen aus der ganzen Welt. Amerikanische Soldaten in Uniform, sowjetische Soldaten, alle mit ihren Fotoapparaten, dazwischen auch einmal ein Liebespaar, eng umschlungen. Ich komme mir vor wie auf dem Kurfürstendamm.

Aber kaum biegt man ab, in einen der Nebenwege, ist man allein. Der Boden wird holprig, Moos wächst über den Steinen, eine schon morsche Bank hält mich gerade noch aus zum Sitzen. Ich strecke die Beine. Hier ist Ruhe. Hier könnte es 1925, 1935 sein, nicht heute, nach allem, was geschehen ist. Warum kann ich nicht die Sonne genießen und einfach hier sein, als ob nichts geschehen wäre? Ich zünde die Pfeife an. Hier ist Rauchen erlaubt in der strengen DDR.

Kurt Scharf hat einmal in einem unvergessenen Gespräch in der Berliner Kirchenleitung gesagt, wer nicht wisse, wer der Böse, was das Böse sei in dieser Welt, wisse nichts von Gott und seinem Sohn Jesus Christus. Ich zögere, davon zu sprechen. Denn vom »Bösen« spricht der Mann aus Kalifornien viel, und wenn es nach ihm ginge, säße ich jetzt im Reich des »Bösen«, wie er es versteht, jenseits von Mauer und Stacheldraht, im Reich des satanischen Weltkommunismus. Aber es geht ja nicht um seine Schwarzweißmalerei und seine Überzeugung, daß er in der Welt des »Guten« lebt, dem besten Volk der Erde, der Amerikaner, in Gottes eigenem Land. Die Frage bleibt, ob ein Volk verhext sein kann. Ob es den Verstand und jedes Gefühl verlieren kann, ob es so einfach »Barabbas« schreit, wenn es von Jesus gehört hat. Wir haben es jedenfalls getan. Die tiefste Schicht unseres Unheils hängt mit dem ersten Gebot zusammen. Wer Hitler zu seinem Gott erklärt, versinkt in der Sklaverei, von der in diesem ersten Gebot die Rede ist, schlimmer noch als die Knechtschaft in Ägyptenland. Warum hat Luther den Relativsatz in seinem kleinen Katechismus gestrichen und den Urtext der Bibel schlicht gefälscht? Fängt hier der unselige Weg zu Hitler an? Natürlich ist die Linie Luther – Friedrich II. – Wilhelm II. – Hindenburg – Hitler zu einfach. Aber daß der an die Fürsten verkaufte neue evangelische Glaube mit seinem Obrigkeitsgefälle ein gerüttelt Maß Schuld an der deutschen Geschichte hat, kann niemand bestreiten. Das elende Ergebnis der Reformation »cuius regio, eius religio« ist doch der finstere Hintergrund der Möglichkeit jedes Tyrannen, die Gewissen zu beherrschen.

Ja, die Welt wurde aufgeteilt in Potsdam – jedenfalls die europäische. Auf den Millimeter genau können nun Dissidenten des Ostens in psychiatrischen Kliniken verschwinden und bei uns Berufsverbote ausgesprochen werden, die ein ganzes Leben zerstören. In diesen Tagen erst ist »im freien Teil« Berlins einem Juristen die Ernennung zum Richter verweigert worden, weil er mit zwanzig Jahren als Student einen Aufruf der Sozialistischen Einheitspartei Westberlins unterschrieben haben soll. Er selbst bestreitet es. Das Bundesverfassungsgericht hat »Jugendsünden« ausdrücklich ausgenommen von Berufsbeschränkungen.

Ja, die Welt ist nicht schwarz und weiß. Die Regenten bestimmen immer noch die Religion – nur daß es heute keine Religionen, sondern Ideologien sind. Das Böse, der Böse?

Der Herr Jesus jedenfalls hat mit dem Teufel gerungen. Ist das ein frommes Märchen? Wir sollten sehr vorsichtig sein mit unserem aufgeklärten, intellektuellen Hochmut.

Ich sitze also – für die dortigen Behörden ein Ausländer – in Potsdam. Hinter der Mauer, aber auch hinter dem Grünen Gitter, in der schönsten deutschen Landschaft, in deutscher Geschichte. Ich fühle meinen kleinen, unscheinbaren »behelfsmäßigen Personalausweis« von Berlin (West) in der Tasche. In ihm liegt das kostbare Visum, das mich hat einreisen lassen in die DDR und das mich wieder herausläßt, unvorstellbar selbstverständlich herausläßt. Ich brauche nicht in die westdeutsche Botschaft in Prag, um die Ausreise zu erpressen. Ich kann kommen und gehen, solange es dem Minister des Auswärtigen (Ost) beliebt. Aber ich bin für ihn ein Ausländer. Als ich im Dezember vorigen Jahres an der Grenze der DDR zurückgewiesen wurde und nach den Gründen fragte, kam die vorgeschriebene Antwort des diensttuenden Offiziers: »Im internationalen Verkehr sind Begründungen für eine Zurückweisung nicht üblich.« Im internationalen Verkehr. Das ist die Wirklichkeit. Da helfen keine Sonntagsreden, keine Beschwörungen der deutschen Nation, der gemeinsamen Geschichte und Kultur. Die Herren, die diese Reden halten, reisen ja auch mit Diplomatenpässen und werden in aller Regel schon an der Grenze höflich empfangen. Einer fliegt sogar im Privat-Jet über die Grenze. Aber er brachte auch eine Milliarde Devisen mit. Ich bin nur ein Tourist aus Berlin (West) in Potsdam auf einer morschen Bank in Sanssouci.

Nur: Was ist nun mit den Deutschen? Nein, das absurde Thema will ich hier nicht abfragen. Warum soll es nicht zwei deutsche Staaten geben – wie es Österreich gibt, die deutsche Schweiz? Die Rheinbundstaaten haben noch mit Napoleon Krieg gegen das Reich geführt. Bayern hat nur mit einer Bestechungssumme in Millionenhöhe der Krönung Wilhelms I. zum Deutschen Kaiser zugestimmt. Und es soll mir doch keiner vormachen, daß eine Mehrheit von Westdeutschen die Konsequenzen und Kosten eines wiedervereinigten deutschen Staates zu tragen bereit sei – von den Nachbarn zu schweigen. Das ist es doch nicht. Die Frage ist doch nur, ob die Verteufelung abgebaut werden kann, hüben und drüben, daß die Grenzen geöffnet werden wie in Salzburg oder Basel – daß wir zusammen leben können wie andere Nachbarn miteinander. Wir sollten nicht so tun, als fürchteten sich davor nur die Genossen in Ost-Berlin.

Ich gehe zurück zur Fontäne. Eine Stunde ist noch Zeit, bis ich am Grünen Gitter wieder abgeholt werde zur Heimfahrt. Die Bänke sind hier aus Stein und ohne Lehne. Aber ich fühle die Unbequemlichkeit nicht. Das Schloß liegt golden vor mir. Das Wasser rauscht. Die Menschen flanieren. Ja, es ist ein richtiger Korso, fröhlich und bunt. Manche der Vorübergehenden grüßen mich. Aber keiner spricht mich an, setzt sich gar zu mir. Ich bin versunken in die vergangenen Jahre.

Damals war Winter, Weihnachten 1935. Ja, das war der dritte Besuch mit dem Mädchen, das meine Frau werden sollte. Sie war von Breslau am Bahnhof Zoo angekommen, am zweiten Weihnachtstag. Wir fuhren mit der Taxe zum Potsdamer Bahnhof und stiegen in den Zug, der bis Babelsberg nicht hielt, in ein Abteil 2. Klasse, um allein zu sein. Das hatte ich mir ausgedacht, und wir hatten Glück.

Wir stiegen in Wildpark aus. Es lag tiefer Schnee. Wir gingen nicht weit. Wir standen – ich glaube, für Stunden – und redeten und küßten uns, und der Schnee schmolz unter unseren Füßen. Ja, daran denke ich jetzt, nach fast fünfzig Jahren. Und darum setzt sich wohl niemand zu mir.

In dem kleinen Buch zu meinem 70. Geburtstag steht ein Satz, der mich sehr bewegt hat. Der Lehrer, den sie als Kommunisten entließen und den ich öffentlich verteidigt habe, schreibt: »Vergangene Woche, am 3. Oktober 1984, sah ich ihn auf einer Bank in der Herbstsonne sitzen. Es war in der großen Allee im Park von Sanssouci. Er lächelte abwesend, als ich ihm zuwinkte. Wovon träumte er?« Ja, wovon träumte er?

Der Rückweg: im Wagen des Superintendenten zur Autobahn. Der Bus mit dem Schild: »Wannsee«. Die schnelle Kontrolle. Daheim, daheim. Wie weit ist es von hier zum goldenen Schloß der Träume? Wie weit, wie nah?

Die Mauer wird ein grünes Gitter.

Reihe RadiusBibliothek
Herausgegeben von Wolfgang Erk

Peter Härtling
Für Ottla
40 Seiten

*

Albrecht Goes
Christtagswege
80 Seiten

*

Johann Christoph Hampe
Fundamente und Grenzen
144 Seiten

*

Walter Jens
Roccos Erzählung
40 Seiten

*

Heinrich Albertz
Das Grüne Gitter
32 Seiten